Thea Landbeck · Christian Orgel

Schöne Fenstersterne aus Transparentpapier

Thea Landbeck · Christian Orgel

Schöne Fenstersterne aus Transparentpapier

Inhalt

Vorwort

Transparente Fenstersterne bringen festliche Weihnachtsstimmung in jedes Zimmer. Ton in Ton, richtig bunt oder in den klassischen Weihnachtsfarben Gold, Silber und Rot sorgt der Fensterschmuck dafür, dass der Blick ins Freie trotz winterlichen Wetters Farbe bekommt.

Bei der Fertigung transparenter Fenstersterne können Sie zwischen zwei grundlegenden Techniken wählen. Falten Sie die Sterne aus lichtdurchlässigem Papier, wirken sie besonders festlich. Durch die unterschiedlichen Faltarten entsteht immer wieder ein aufregendes Spiel von Licht und Schatten. Und Sie werden sehen: Schon nach kurzer Zeit ist auch das Falten scheinbar kompliziertester Muster für Sie kein Problem.

Recht einfach, aber nicht unbedingt weniger zeitintensiv, ist die Technik, bunte Sterne aus Tonkarton mit Transparentpapier zu hinterkleben. Diese so genannten Mandala-Sterne wirken durch ihre Farbkraft und den reizvollen Wechsel von mattem Tonkarton und glänzendem Transparentpapier. Mandala-Sterne sind vor allem bei Kindern sehr beliebt. Denn während die Großen die Formen aus Tonkarton schneiden, können sie die Sterne nach Lust und Laune mit Transparentpapier farblich gestalten. Besonders kunstvoll wirken Mandala-Sterne, wenn man sie mit Regenbogentransparentpapier hinterklebt. Denn der auffällige Farbwechsel zieht auch dann alle Blicke auf sich, wenn der Stern eine ganz einfache Form hat.

In diesem Buch haben wir für Sie die schönsten transparenten Fenstersterne in unterschiedlichen Techniken und verschiedenen Schwierigkeitsgraden zusammengestellt. Für jeden ist etwas dabei, egal ob Sie viel oder wenig Übung, viel oder wenig Zeit haben, mit der Familie oder alleine basteln wollen. Bestimmt finden auch Sie bald Ihre Lieblingssterne, mit denen Sie Ihre Fenster in eine wahre Milchstraße verwandeln können.

Wir wünschen Ihnen viel Spaß beim Basteln!

Thea Landbeck
Christian Orgel

Rund ums kreative Gestalten

Wer die richtigen Kniffe kennt, für den ist auch die Gestaltung aufwändiger Falt- und Mandala-Sterne ein Kinderspiel. Wenn Sie beim Zuschneiden, Falten und Kleben einige Grundregeln beachten, kann eigentlich nichts mehr schief gehen. Alle Bastelarbeiten erfordern lediglich etwas Geschick, je nach Schwierigkeitsgrad des Motivs.

Fenstersterne befestigen

Am einfachsten und schnellsten geht es, wenn Sie die Sterne mit einem Streifen transparentem Klebefilm auf die Fensterscheibe kleben. Wie unsichtbar schweben die Sterne am Glas, wenn Sie statt Klebefilm transparentes doppelseitiges Klebeband benutzen.
Doppelt gearbeitete Mandala-Sterne können Sie auch an einem Nylonfaden aufknüpfen und vor die Fensterscheibe hängen.

Transparente Faltsterne

Zuschneiden
Das Transparentpapier wird grundsätzlich nach folgender Methode vorbereitet: Schneiden Sie einen Bogen von 20 x 25 Zentimeter zu. Falten Sie das Papier in der Mitte und streichen Sie den Falz mit dem Fingernagel fest. Fahren Sie dann mit einem Messer zwischen die beiden Papierlagen, und durchtrennen Sie den Falz vorsichtig. Teilen Sie das Papier so oft, bis Sie die nötige Anzahl an Faltpapieren haben.
Für quadratische Faltpapiere müssen Sie das Papier im 45°-Winkel falten und den Rest wegschneiden. Dann teilen Sie wie gewohnt weiter.

Falten
Da jede noch so kleine Ungenauigkeit beim Falten später zu sehen ist, lohnt es sich, sehr genau zu arbeiten. Streichen Sie jeden Falz sorgfältig mit dem Fingernagel glatt, damit klare Kanten

entstehen. Vor allem bei komplizierten Sternen empfiehlt es sich, die Zacken Schritt für Schritt zu falten und nach jeder Faltung in einem schweren Buch zu pressen.

Kleben

Um die einzelnen Zacken miteinander zu verkleben, tragen Sie von hinten etwas Klebestift auf die umgefalteten Ecken auf. Kleben Sie dann einen zweiten Zacken so darauf, dass eine Kante der unteren Spitze genau auf der Mittellinie des ersten Zackens liegt. Kleben Sie auf diese Weise einen Zacken nach dem anderen auf. Schieben Sie den letzten Zacken beim Festkleben unter den ersten.

Mandala-Fenstersterne

Papier schneiden

Der Tonkarton für die eigentlichen Sternenfiguren lässt sich am besten mit einem Cutter ausschneiden. Bei Rundungen empfiehlt es sich, mit einer Nagelschere nachzuarbeiten. Transparentpapier wird dagegen je nach Form und Größe der zu hinter-

klebenden Figur mit der Schere oder Nagelschere ausgeschnitten.

Vorlagen Kopieren

Wenn Sie sich das Abpausen der Vorlagen ersparen wollen, können Sie die Motive direkt auf den Tonkarton kopieren. Informieren Sie sich vorher im Copy-Shop, wie dick das Papier sein darf, damit der Kopierer es noch einziehen kann.

Passgenau kleben

Tragen Sie den Klebstoff stets auf den Tonkarton auf. Nur so können Sie ganz sicher sein, dass er später nicht durch das Transparentpapier hindurchscheint. Austretenden Klebstoff wischen Sie sofort mit dem Finger ab. Reste können Sie trocknen lassen und mit der stumpfen Seite des Cutters vorsichtig abkratzen. Wenn Sie Ihren Mandala-Stern von beiden Seiten perfekt gestalten wollen, brauchen Sie zwei Tonkartonmotive. Bekleben Sie erst eines mit Transparentpapier und dann das zweite von hinten dagegen.

Komet von Bethlehem

Das brauchen Sie

* Tonkarton in Dunkelgrün
* Regenbogentransparent-
  papier, Farbverlauf gelbrot
* Cutter
* Schere
* Lineal
* Klebstoff
* Filzstift
* Bleistift
* Transparentpapier
* Pauspapier
* Schneideunterlage

1 Pausen Sie den Kometen vom Vorlagenbogen erst auf Transparentpapier ab, und übertragen Sie die Form dann mit Pauspapier auf den Tonkarton. Legen Sie den Tonkarton mit den Linien nach oben auf eine Schneideunterlage, und schneiden Sie die später durchscheinenden Flächen mit dem Cutter heraus. Erst am Schluss schneiden Sie auch die äußeren Konturen nach.

2 Legen Sie das Regenbogen-transparentpapier so auf den Kometenschweif, dass die Farbe von außen nach innen heller wird. Fahren Sie die äußere Form des Schweifs so mit dem Filzstift nach, dass die Linien genau in der Mitte der Tonkartonstege liegen.

3 Nun platzieren Sie das Regenbogentransparentpapier so auf einer Sternenzacke, dass es nach innen dunkler wird. Fahren Sie die Umrisse nach, und legen Sie dann das Papier auf die nächste Zacke.

4 Übertragen Sie auch die restlichen Zacken auf diese Weise. Für das Zentrum des Kometen legen Sie das Regenbogentransparentpapier so auf, dass kein Farbverlauf sichtbar ist. Übertragen Sie auch hier die Linien.

5 Nachdem Sie alle Transparentpapierstücke ausgeschnitten haben, tragen Sie rund um die Mitte eine dünne Schicht Klebstoff auf den Tonkarton auf. Die linierte Seite zeigt dabei nach oben.

6 Legen Sie nun das passende Stück Regenbogentransparentpapier darauf, und drücken Sie es an den Seiten leicht an. Benetzen Sie nun einen Zacken nach dem anderen mit Klebstoff und kleben Sie das Regenbogentransparentpapier auf. Zum Schluss hinterkleben Sie den Schweif.

Tipp

Durch den rotgelben Farbverlauf wirkt es, als würde der Komet gerade verglühen. Wenn Sie normales farbiges Transparentpapier verwenden, können Sie durch unterschiedliche Gelb- und Rotschattierungen einen ähnlichen Effekt erzielen. Besonders dekorativ sieht es aus, wenn einzelne Sternenzacken oder die Felder des Schweifs mehrfach in der gleichen Farbe hinterlegt werden. Extravagant wirkt es, wenn Sie mit dieser Methode nur halbe Felder hinterkleben. Dabei sollte eine gerade Kante des Transparentpapiers durch die Mitte der Zacken verlaufen.

Weihnachtsstern

Schwierigkeitsgrad **1**
Zeitaufwand
60 Minuten

Das brauchen Sie

* Tonkarton in Rot
* Transparentpapier in Rot,
  Gelb und Dunkelgrün
* Cutter
* Schere
* Lineal
* Klebstoff
* Filzstift

* Bleistift
* Transparentpapier
* Pauspapier
* Schneideunterlage

1 Pausen Sie den Weihnachts-
stern vom Vorlagenbogen
erst auf Transparentpapier ab,
und übertragen Sie die Form

dann mit Pauspapier auf den Tonkarton. Legen Sie den Tonkarton mit den Linien nach oben auf eine Schneideunterlage, und schneiden Sie die später durchscheinenden Flächen mit dem Cutter heraus. Erst am Schluss schneiden Sie auch die äußeren Konturen nach.

2 Legen Sie das rote Transparentpapier auf den Kreis im Zentrum des Motivs. Fahren Sie die äußere Form des Kreises so mit dem Filzstift nach, dass die Linien genau in der Mitte der Tonkartonstege liegen.

3 Nun platzieren Sie das gelbe Transparentpapier so auf den inneren Stern, dass es eine Zacke völlig bedeckt. Fahren Sie die Umrisse nach, und legen Sie dann das Papier auf die nächste Zacke. Übertragen Sie die restlichen Zacken auf diese Weise.

4 Wiederholen Sie diese Arbeitsschritte mit dem roten Transparentpapier für den äußeren Stern. Übertragen Sie dann die Linien für die Umrandung auf das dunkelgrüne Transparentpapier.

5 Schneiden Sie nun alle Transparentpapierstücke aus. Tragen Sie rund um die Mitte eine dünne Schicht Klebstoff auf den Tonkarton auf. Die linierte Seite zeigt dabei nach oben. Legen Sie nun das passende Stück Transparentpapier darauf, und drücken Sie es an den Seiten leicht an. Benetzen Sie nun einen Zacken nach dem anderen mit Klebstoff, und kleben Sie das Transparentpapier auf. Zum Schluss hinterkleben Sie die Umrandung.

Tipp

Wenn Sie mehrere Fenstersterne gleichen Typs gestalten möchten, können Sie mit einer Schablone viel Zeit sparen. Übertragen Sie für die Schablone den Stern vom Vorlagenbogen auf einen nicht zu dünnen Karton. Schneiden Sie die Konturen aus, und legen Sie die Schablone auf den gewünschten Tonkarton. Jetzt brauchen Sie die Umrisslinien nur noch mit einem weichen Bleistift nachzufahren.

Supernova

Das brauchen Sie

* Tonkarton in Gelb
* Transparentpapier in Gelb,
  Rot, Weiß, Hellgrün, Pink,
  Dunkelgrün, Orange, Violett
  und Blau
* Cutter
* Schere
* Lineal
* Klebstoff
* Filzstift

* Bleistift
* Transparentpapier
* Pauspapier
* Schneideunterlage

1 Pausen Sie den Stern vom
Vorlagenbogen erst auf
Transparentpapier ab, und über-
tragen Sie die Form dann mit
Pauspapier auf den gelben Ton-
karton. Legen Sie den Tonkarton

mit den Linien nach oben auf eine Schneideunterlage, und schneiden Sie die später durchscheinenden Flächen mit dem Cutter heraus. Erst am Schluss schneiden Sie auch die äußeren Konturen nach.

2 Legen Sie das gelbe Transparentpapier auf das Zentrum des Sterns. Fahren Sie die äußere Form so mit dem Filzstift nach, dass die Linien genau in der Mitte der Tonkartonstege liegen.

3 Nun platzieren Sie das rote Transparentpapier so auf die entsprechende äußere Zacke, dass sie vollständig bedeckt wird. Fahren Sie anschließend die Umrisse nach. Legen Sie dann das weiße Transparentpapier auf die nächste Zacke, und übertragen Sie die Umrisse. Übertragen Sie auch die restlichen Zacken auf diese Weise, und wechseln Sie die Farben entsprechend ab.

4 Schneiden Sie nun alle Transparentpapierstücke aus. Tragen Sie rund um die Mitte eine dünne Spur Klebstoff auf

den Tonkarton auf. Die linierte Seite zeigt dabei nach oben. Legen Sie das passende Stück Transparentpapier darauf und drücken Sie es an den Seiten leicht an.

Nun benetzen Sie einen Zackensteg auf dem Tonkarton nach dem anderen mit Klebstoff und kleben das Transparentpapier vorsichtig auf.

Tipp

Die Supernova eignet sich hervorragend zur Gestaltung eines großflächigen Sternenbildes. Vergrößern und verkleinern Sie dazu die Vorlage vom Vorlagenbogen beliebig oft auf dem Fotokopierer. Pausen Sie dann die unterschiedlich großen Sterne auf verschiedenfarbige Tonkartons. Wählen Sie die Farben so, dass sie den Farben des Transparentpapiers entsprechen.
Befestigen Sie mit doppelseitigem Klebeband die Sterne als einzelne Sternbilder oder als üppigen Sternenkranz auf der Fensterscheibe.

Christrose

Schwierigkeitsgrad **2**
Zeitaufwand
75 Minuten

Das brauchen Sie
* Tonkarton in Blau
* Transparentpapier in Weiß
  und Pink
* Cutter
* Schere
* Lineal
* Klebstoff
* Filzstift
* Bleistift
* Transparentpapier
* Pauspapier
* Schneideunterlage

1 Pausen Sie den Stern vom Vorlagenbogen erst auf Transparentpapier ab, und übertragen Sie die Form dann mit Pauspapier auf den blauen Tonkarton. Legen Sie den Tonkarton mit den Linien nach oben auf eine Schneideunterlage, und

schneiden Sie die später durchscheinenden Flächen heraus. Erst
am Schluss schneiden Sie auch
die äußeren Konturen nach.

2 Legen Sie das pinkfarbene
Transparentpapier auf das
Zentrum des Sterns. Fahren Sie
die äußere Form so mit dem
Filzstift nach, dass die Linien
genau in der Mitte der Tonkartonstege liegen. Wiederholen Sie
den Vorgang.

3 Nun platzieren Sie das weiße Transparentpapier so auf
einen an das Zentrum angrenzenden Zacken, dass er vollständig bedeckt wird. Fahren Sie die
Umrisse nach. Legen Sie dann
das weiße Papier auf die nächste
Zacke, und übertragen Sie die
Umrisse. Übertragen Sie auch
die restlichen Zacken auf diese
Weise. Legen Sie dann das pinkfarbene Transparentpapier auf
einen der äußeren Zacken, und
übertragen Sie ebenfalls die Umrisse. Wiederholen Sie dies beim
nächsten Zacken zweimal. Übertragen Sie nun abwechselnd die
Umrisse der übrigen Zacken einfach und doppelt auf das Transparentpapier.

4 Schneiden Sie nun alle
Transparentpapierstücke
aus. Tragen Sie rund um die
Mitte eine dünne Schicht Klebstoff auf den Tonkarton auf. Die
linierte Seite zeigt dabei nach
oben. Legen Sie nun eines der
passenden Papierstücke darauf;
leicht andrücken.

5 Tragen Sie nochmals Klebstoff auf und verkleben Sie
das zweite Stück. Nun benetzen
Sie die Zackenstege des weißen
Sterns mit Klebstoff und kleben
das Transparentpapier auf.

6 Tragen Sie dann auf die
Stege der äußeren Zacken
Klebstoff auf und verkleben Sie
rundum das pinkfarbene Papier.
Benetzen Sie die Stege jeder
zweiten Zacke nochmals mit
Klebstoff, und kleben Sie die
restlichen Papierstücke auf.

Tipp

Verwenden Sie Klebstoff sehr
sparsam. Er verschmiert sonst
beim Zusammenkleben und
beeinträchtigt so die Wirkung
Ihres Fenstersterns.

Schneeflocke

Das brauchen Sie

* Tonkarton in Hellgrün
* Transparentpapier in Violett, Dunkel-, Hellgrün und Pink
* Cutter
* Schere
* Lineal
* Klebstoff
* Filz- und Bleistift
* Transparent-, Pauspapier
* Schneideunterlage

1 Pausen Sie den Stern vom Vorlagenbogen erst auf Transparentpapier ab, und übertragen Sie die Form auf den hellgrünen Tonkarton. Legen Sie diesen mit den Linien nach oben auf eine Schneideunterlage, und schneiden Sie die später durchscheinenden Flächen heraus. Erst am Schluss schneiden Sie auch die äußeren Konturen nach.

2 Legen Sie das violettfarbene Papier auf eines der inneren Dreiecke im Zentrum des Sterns. Fahren Sie die äußere Form des Dreiecks so mit dem Filzstift nach, dass die Linien genau in der Mitte der Tonkartonstege liegen. Wiederholen Sie den Vorgang bei jedem zweiten Dreieck. Legen Sie dann das dunkelgrüne Papier auf eines der inneren Dreiecke; fahren Sie die Umrisse nach. Anschließend übertragen Sie die beiden letzten Dreiecke.

3 Platzieren Sie das hellgrüne Papier so auf einen an die Mitte angrenzenden Zacken, dass er vollständig bedeckt wird. Fahren Sie die Umrisse nach. Legen Sie dann das Papier auf den übernächsten Zacken auf, und übertragen Sie die Umrisse. Fahren Sie nochmals den übernächsten Zacken nach. Legen Sie das pinkfarbene Papier auf einen der äußeren Zacken, und übertragen Sie die Umrisse. Wiederholen Sie dies bei den beiden noch verbleibenden Zacken.

4 Schneiden Sie nun alle Papierstücke aus. Tragen Sie rund um eines der inneren Drei-ecke Klebstoff auf den Karton auf, die linierte Seite oben. Legen Sie nun eines der passenden Papierstücke darauf, und drücken Sie es an den Seiten leicht an. Verkleben Sie im Zentrum immer abwechselnd violettfarbene und dunkelgrüne Dreiecke. Tragen Sie dann auf die Stege eines der äu-ßeren Zacken dünn Klebstoff auf, und verkleben Sie ein Papierdrei-eck. Das pinkfarbene Papier sollte an das dunkelgrüne angrenzen, das hellgrüne an das violettfarbe-ne. Verkleben Sie nun die äuße-ren Dreiecke im Wechsel.

5 Nachdem der Klebstoff ge-trocknet ist, legen Sie noch-mals dunkelgrünes Papier auf eines der dunkelgrünen Felder im Zentrum. Dabei sollte eine ge-rade Kante des Papiers durch die Mittelsenkrechte des Dreiecks laufen. Markieren Sie den Umriss des halben Dreiecks entlang der Stege. Wiederholen Sie diesen Vorgang bei allen übrigen Drei-ecken in der entsprechenden Farbe. Schneiden Sie das Papier zu, und verkleben Sie die Stücke so, dass die Dreiecke immer ge-gengleich hell und dunkel geteilt sind.

Feuerball

Das brauchen Sie

* Tonkarton in Orange
* Regenbogentransparent-
  papier, Farbverlauf gelbblau
* Cutter
* Schere
* Lineal
* Klebstoff
* Filzstift
* Bleistift
* Transparentpapier
* Pauspapier
* Schneideunterlage

1 Pausen Sie den Stern vom Vorlagenbogen erst auf Transparentpapier ab, und übertragen Sie die Form dann mit Pauspapier auf den Tonkarton. Legen Sie den Tonkarton mit den Linien nach oben auf eine Schneideunterlage, und schneiden Sie die später durchscheinenden Flächen mit dem Cutter heraus. Erst am Schluss schneiden Sie auch die äußeren Konturen nach.

2 Legen Sie das Regenbogentransparentpapier so auf eine Sternenzacke, dass das Papier nach innen dunkler wird. Fahren Sie die Umrisse nach und legen Sie dann das Papier auf die nächste Zacke auf. Übertragen Sie auch die restlichen Zacken auf diese Weise.

3 Nachdem Sie alle Transparentpapierstücke sorgfältig und exakt ausgeschnitten haben, tragen Sie rund um eine Sternenzacke eine dünne Spur Klebstoff auf den Tonkarton auf. Die linierte Seite zeigt dabei nach oben.

4 Legen Sie anschließend das passende Stück Regenbogentransparentpapier darauf und drücken Sie es an den Seiten leicht an. Nun benetzen Sie einen Zacken nach dem anderen vorsichtig mit Klebstoff und kleben das Regenbogentransparentpapier auf.

Tipp

Mit dem Feuerball lässt sich ein tolles Mobile gestalten. Verkleinern Sie die Vorlage dazu entsprechend auf dem Fotokopierer. Beachten Sie, dass bei einem Mobile beide Seiten eines Sterns zu sehen sind. Daher muss auch die Rückseite mit Tonkarton beklebt werden. Damit die beiden Sternenformen passgenau aufeinander liegen, muss die Vorlage für die Rückseite seitenverkehrt übertragen werden.

Verbinden Sie einige Stücke Blumendraht mit Nylonfaden. Knüpfen Sie dann die Sterne mit Nylonschnur gleichmäßig verteilt an die Drähte. Variieren Sie dabei die Länge der Schnüre. Um das Gewicht auszutarieren, können Sie auch die Drähte etwas verschieben. Wenn alle Sterne festgebunden sind, werden die überstehenden Fadenenden abgeschnitten und ein Stück Schnur als Aufhängung am oberen Blumendraht befestigt.

Abendstern

Schwierigkeitsgrad **2**
Zeitaufwand
75 Minuten

Das brauchen Sie

* Tonkarton in Rot
* Transparentpapier in Orange, Gelb, Weiß, Hellgrün und Dunkelgrün
* Cutter
* Schere
* Lineal
* Klebstoff
* Filz- und Bleistift
* Transparentpapier
* Pauspapier
* Schneideunterlage

1 Pausen Sie den Abendstern vom Vorlagenbogen erst auf Transparentpapier ab, und übertragen Sie die Form dann mit Pauspapier auf den roten Tonkarton. Legen Sie den Tonkarton mit den Linien nach oben auf eine Unterlage, und schneiden

Sie die später durchscheinenden Flächen mit dem Cutter heraus. Erst am Schluss schneiden Sie auch die äußeren Konturen nach.

2 Legen Sie das orangefarbene Transparentpapier auf den Stern im Zentrum des Motivs. Fahren Sie die äußere Form des Sterns so mit dem Filzstift nach, dass die Linien genau in der Mitte der Tonkartonstege liegen.

3 Nun platzieren Sie das gelbe Papier so auf die an das Zentrum angrenzenden Strahlen, dass es eine Zacke völlig bedeckt. Fahren Sie die Umrisse nach, und legen Sie dann das Papier auf die übernächste Zacke auf. Übertragen Sie den Umriss jeder zweiten Zacke auf diese Weise. Wiederholen Sie diese Arbeitsschritte mit dem weißen Papier für die übrigen Zacken. Übertragen Sie dann die Linien für die Umrandung abwechselnd auf das hell- und das dunkelgrüne Papier.

4 Für die äußeren Strahlen müssen Sie zunächst die Umrisse der orangfarbenen pfeilförmigen Zacken markieren.

Legen Sie dazu das Papier auf einen Zacken und fahren Sie mit dem Stift die Konturen nach. Wiederholen Sie dies bei den drei übrigen Zacken. Platzieren Sie dann das gelbe Papier auf die restlichen vier Zacken, und pausen Sie die Zacken aber jeweils zweimal durch.

5 Schneiden Sie nun alle Transparentpapierstücke aus. Tragen Sie rund um das Zentrum eine dünne Schicht Klebstoff auf den Tonkarton auf. Die linierte Seite zeigt dabei nach oben. Legen Sie das passende Stück Transparentpapier darauf, und drücken Sie es an den Seiten leicht an. Nun benetzen Sie einen Zacken nach dem anderen mit Klebstoff und kleben das Transparentpapier auf.

6 Wenn der Klebstoff getrocknet ist, legen Sie das orangefarbene Transparentpapier nochmals auf die äußeren orangefarbenen Zacken. Fahren Sie die Umrisse der Spitze nach. Wiederholen Sie dies bei den drei weiteren Zacken. Schneiden Sie dann das Papier aus und kleben Sie es auf.

Trabanten

Schwierigkeitsgrad **3**
·····························
Zeitaufwand
75 Minuten

Das brauchen Sie

* Tonkarton in Hell- und Dunkelviolett
* Transparentpapier in Gelb, Orange, Rot und Hellgrün
* Cutter
* Schere
* Lineal
* Klebstoff
* Filzstift
* Bleistift

* Transparentpapier
* Pauspapier
* Schneideunterlage

1 Pausen Sie den Stern vom Vorlagenbogen erst auf Transparentpapier ab. Übertragen Sie zunächst die gesamte Form mit Pauspapier auf den dunkelviolettfarbenen Tonkarton. Pausen Sie dann den inneren

Stern und die vier äußeren Ringe auf den Tonkarton in Hellviolett. Legen Sie die Tonkartons mit den Linien nach oben auf eine Schneideunterlage, und schneiden Sie die später durchscheinenden Flächen mit dem Cutter heraus. Erst am Schluss schneiden Sie auch die äußeren Konturen nach. Legen Sie die hellen Teile auf den dunklen Stern auf, und überprüfen Sie die Passform. Schneiden Sie den Stern eventuell noch etwas zurecht.

2 Legen Sie das gelbe Transparentpapier auf den Stern im Zentrum des dunkelviolettfarbenen Tonkartonsterns. Fahren Sie die äußere Form so mit dem Filzstift nach, dass die Linien genau in der Mitte der Tonkartonstege liegen.

3 Nun platzieren Sie das orangefarbene Transparentpapier so auf den Stern, dass Sie eine der pfeilförmigen Zacke völlig bedecken. Fahren Sie die Umrisse nach, und legen Sie dann das Papier auf die nächste Zacke auf. Übertragen Sie auch die restlichen Zacken auf diese Weise. Wiederholen Sie diese

Arbeitsschritte mit dem roten Transparentpapier bei den verbleibenden vier Zacken. Übertragen Sie dann die Linien für die Umrandung auf das hellgrüne Transparentpapier. Zuletzt legen Sie das gelbe Transparentpapier auf die Trabanten und fahren die Umrisse nach.

4 Schneiden Sie nun alle Transparentpapierstücke sorgfältig und exakt aus. Tragen Sie rund um das Zentrum eine dünne Schicht Klebstoff auf den Tonkarton auf. Die linierte Seite zeigt dabei nach oben. Legen Sie das passende Stück Transparentpapier darauf, und drücken Sie es an den Seiten leicht an. Nun benetzen Sie einen Zacken nach dem anderen mit Klebstoff und kleben das Transparentpapier auf. Zum Schluss hinterkleben Sie die Umrandung und die Trabanten.

5 Wenn der Klebstoff getrocknet ist, bestreichen Sie die linierte Seite des hellvioletten Sterns und der Ringe mit Klebstoff und setzen die Teile von vorne auf den dunkelvioletten Stern.

Milchstraße

Das brauchen Sie

* ✳ Tonkarton in Dunkelblau
  und Gelb
* ✳ Transparentpapier in Gelb,
  Blau und Weiß
* ✳ Cutter
* ✳ Schere
* ✳ Lineal
* ✳ Klebstoff
* ✳ Filzstift
* ✳ Bleistift
* ✳ Transparentpapier
* ✳ Pauspapier
* ✳ Schneideunterlage

1 Pausen Sie das Milchstraßen-segment vom Vorlagenbo-gen erst auf Transparentpapier ab, und übertragen Sie die Form dann mit Pauspapier viermal auf den dunkelblauen Tonkarton. Pausen Sie einige große (mindestens vier) und kleine Sterne auf den gelben Tonkarton. Legen Sie den Tonkarton mit den Linien nach oben auf eine Schneideunterlage, und schneiden Sie die später durchscheinenden Flächen mit dem Cutter heraus. Erst am Schluss schneiden Sie auch die äußeren Konturen nach.

2 Legen Sie die blauen Milchstraßensegmente mit der schönen Seite nach oben an den offenen Enden bündig aneinander, sodass sie einen Ring bilden. Kleben Sie über die Verbindungsstellen große gelbe Sterne. Bekleben Sie den Ring dann ganz nach Geschmack mit weiteren großen und kleinen gelben Sternen. Lassen Sie den Klebstoff anschließend gut trocknen, und wenden Sie den Ring.

3 Legen Sie das gelbe Transparentpapier auf einen Stern. Fahren Sie die äußere Form so mit dem Filzstift nach, dass die Linien genau in der Mitte der Tonkartonstege liegen.

Wiederholen Sie dies bei beliebig vielen weiteren Sternen. Für manche Sterne müssen Sie zwei Transparentpapierstücke ausschneiden. Verfahren Sie mit dem blauen und dem weißen Transparentpapier genauso.

4 Schneiden Sie nun alle Transparentpapierstücke aus. Tragen Sie rund um einen Stern eine dünne Schicht Klebstoff auf den Tonkarton auf. Die linierte Seite zeigt dabei nach oben.

5 Legen Sie das passende Stück Transparentpapier darauf und drücken Sie es an den Seiten leicht an. Nun benetzen Sie einen Stern nach dem anderen mit Klebstoff und kleben das Transparentpapier auf. Manche Sterne müssen Sie doppelt hinterkleben.

Tipp

Besonders schön sieht die Milchstraße aus, wenn Sie die Sterne in einer regelmäßigen Reihenfolge mit Transparentpapier hinterkleben.

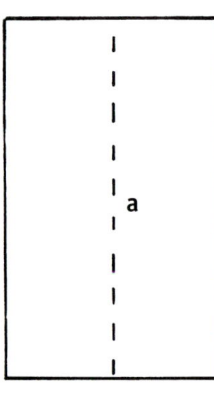

Windstern

Schwierigkeitsgrad **1**
....
Zeitaufwand
45 Minuten

Das brauchen Sie

* **Transparentpapier in Weiß und Rot**
* **Küchenmesser**
* **Klebestift**

1 Zerteilen Sie das rote und weiße Transparentpapier in jeweils acht gleich große Teile (je 10 x 6,2 cm). Für den ersten Sternenzacken falten Sie ein

Papier der Länge nach mittig zusammen. Streichen Sie dann das Papier wieder auseinander.

2 Falten Sie sehr exakt alle vier Ecken zur Mittellinie (a) ein. Die Ecken müssen genau aufeinander treffen. Ziehen Sie die Falze mit dem Fingernagel nach.

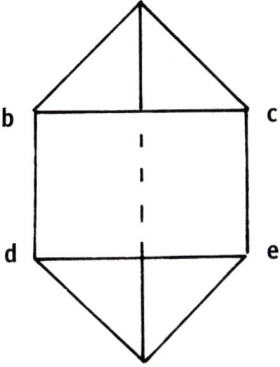

3 Die beiden oberen Ecken (b+c) falten Sie dann nochmals zur Mittellinie, so dass das Papier eine Pfeilform erhält. Streichen Sie auch hier die Bruchkanten mit dem Fingernagel fest.

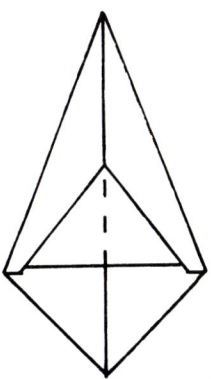

4 Falten Sie die beiden unteren Ecken (d+e) ebenfalls auf die Mittellinie um.

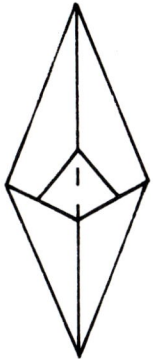

5 Fertigen Sie die restlichen fünfzehn Zacken auf die gleiche Weise, und kleben Sie den Stern zusammen.

Tipp

Rot und Weiß sind die Weihnachtsfarben schlechthin. Deshalb wirkt ein Stern in dieser Farbkombination besonders weihnachtlich. Außerordentlich hübsch sieht es aus, wenn Sie einen zweiten Stern in Dunkelgrün und Weiß anfertigen und zusammen mit dem rotweißen Stern als Dekoration an das Fenster hängen.

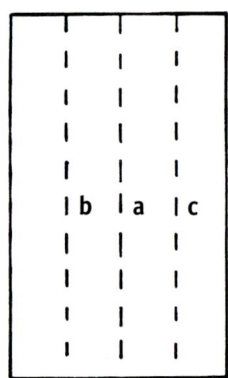

Polarlicht

Schwierigkeitsgrad **2**

Zeitaufwand
45 Minuten

Das brauchen Sie

* **Transparentpapier in Violett**
* **Küchenmesser**
* **Klebestift**

1 Zerteilen Sie das Transparentpapier in acht gleich große Teile (je 10 x 6,2 cm). Für den ersten Sternenzacken falten Sie ein Papier der Länge nach mittig zusammen. Streichen Sie dann das Papier wieder auseinander, und schlagen Sie die Längskanten zum Mittelfalz (a) um. Falten Sie das Papier erneut auseinander.

2 Falten Sie alle vier Ecken exakt zur Mittellinie (a) ein. Danach öffnen Sie die beiden oberen Querkanten wieder, und knicken die Spitzen sorgfältig zu den eben entstandenen Falzen (d+e) um.

Schlagen Sie die beiden geraden Längskanten auf die Falzlinien (b) und (c), und falten Sie die oberen Ecken zur Mitte (a).

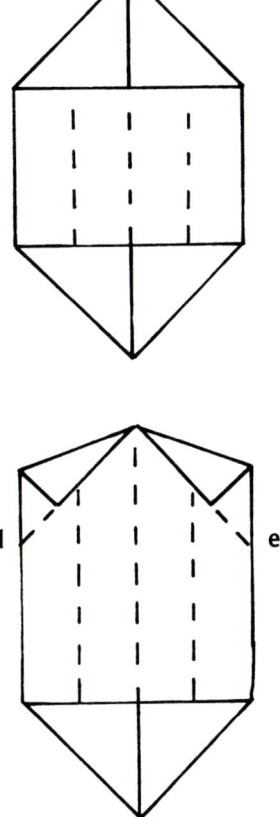

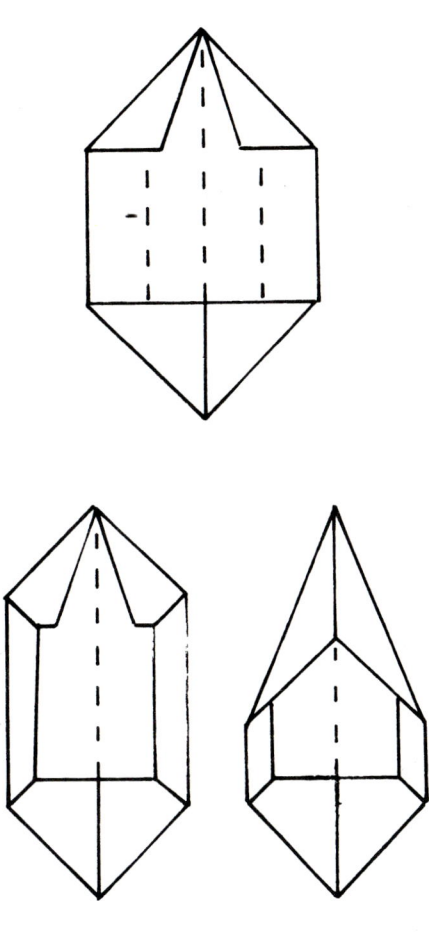

3 Anschließend falten Sie dann die beiden oberen Ecken nochmals um.

4 Fertigen Sie die restlichen sieben Zacken auf die gleiche Weise, und kleben Sie den Stern zusammen. Verwenden Sie nur wenig Klebstoff.

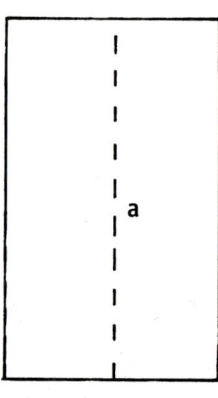

Herbststern

Schwierigkeitsgrad **2**
Zeitaufwand
45 Minuten

Das brauchen Sie

* ✳ **Transparentpapier in Orange**
* ✳ **Küchenmesser**
* ✳ **Klebestift**

1 Zerteilen Sie das Transparentpapier in acht gleich große Teile (je 10 x 6,2 cm). Für den ersten Sternenzacken falten Sie ein Papier der Länge nach mittig zusammen. Streichen Sie dann das Papier wieder auseinander, und falten Sie alle vier Ecken zur Mittellinie (a) ein.

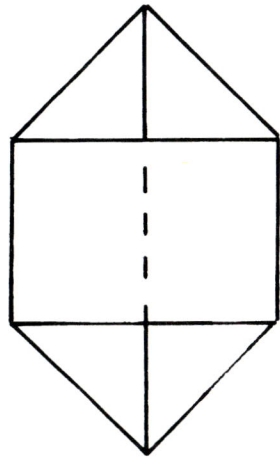

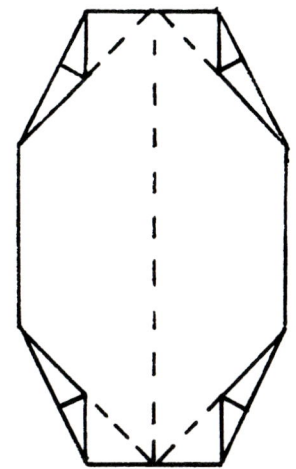

2 Falten Sie das Papier anschließend wieder auseinander. Knicken Sie an allen vier Ecken die Längskanten sorgfältig und exakt auf die eben entstandenen Falze (b+c, d+e) um, und schlagen Sie dann die Spitzen nach außen auf die Kanten.

3 Falten Sie dann alle Ecken nochmals über die Eckfalze (b+c, d+e) um und die oberen Ecken zur Mitte (a).

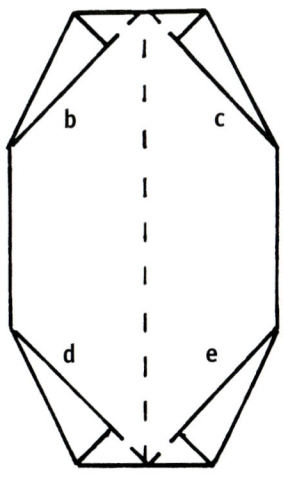

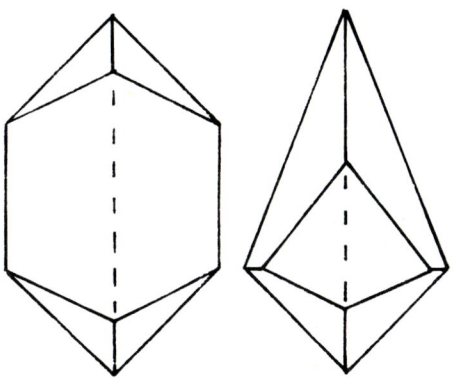

4 Fertigen Sie die restlichen sieben Zacken auf die gleiche Weise, und kleben Sie den Stern zusammen.

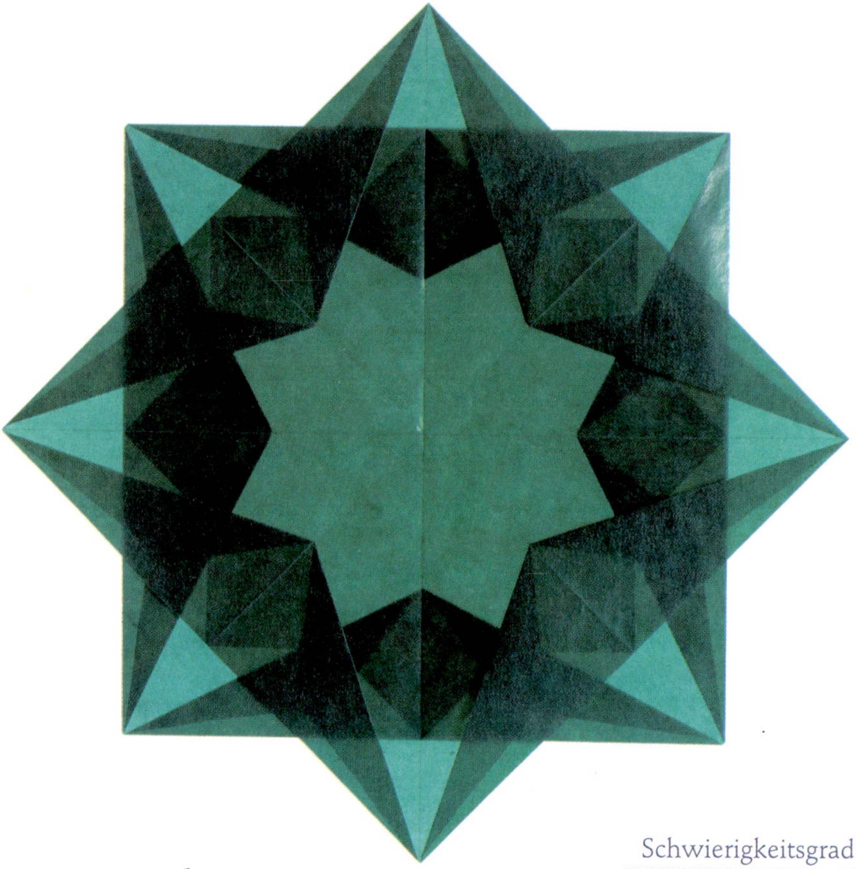

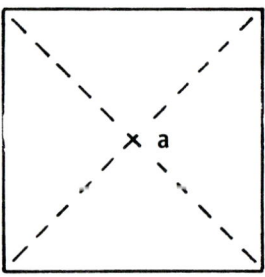

Smaragdstern

Schwierigkeitsgrad **1**

Zeitaufwand
20 Minuten

Das brauchen Sie

- **Transparentpapier in Dunkelgrün**
- **Küchenmesser**
- **Klebestift**

1 Schneiden Sie das Transparentpapier in zwei gleich große Quadrate (je 20 x 20 cm). Für die eine Sternenhälfte falten Sie ein Papier entlang der Diagonalen. Streichen Sie dann das Papier wieder auseinander, und schlagen Sie die Ecken zur Mittellinie (a) um.

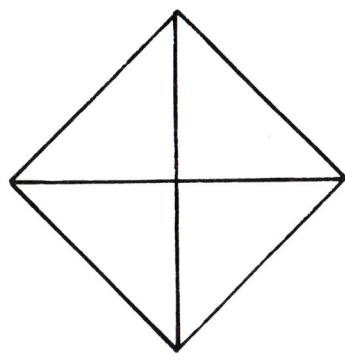

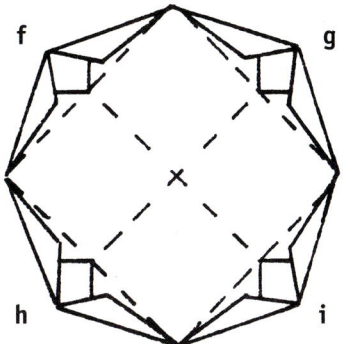

2 Öffnen Sie die Ecken wieder, und knicken Sie die Spitzen zu den eben entstandenen Falzen (b+c, d+e) um. Schlagen Sie alle Ecken des so entstandenen Oktogons so ein, dass sich ein gleichseitiges Achteck bildet. Knicken Sie dazu nacheinander alle acht Ecken zwischen den Falzlinien b, c, d und e und den beiden vorgefalteten Diagonalen in Richtung Mitte. Bruchkanten mit dem Fingernagel festkniffen.

3 Falten Sie dann die vier Ecken f, g, h und i über die Eckfalze (b+c, d+e).

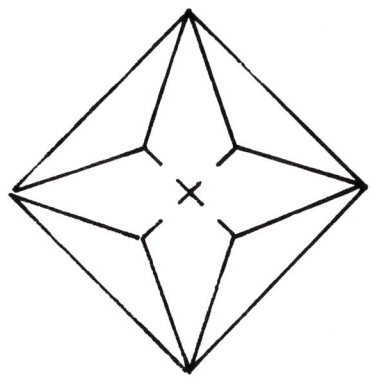

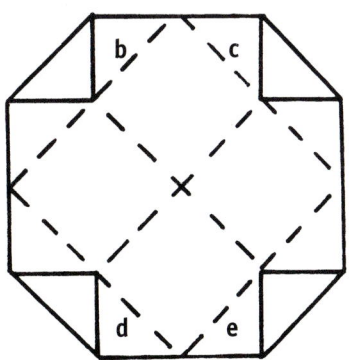

4 Fertigen Sie die andere Sternenhälfte genauso und kleben Sie beide Teile um 45° gedreht zusammen. Tragen Sie dazu den Klebstoff auf der Rückseite einer Sternenhälfte auf die nach innen geschlagenen Ecken. Überprüfen Sie den Verlauf der Faltlinien im Gegenlicht.

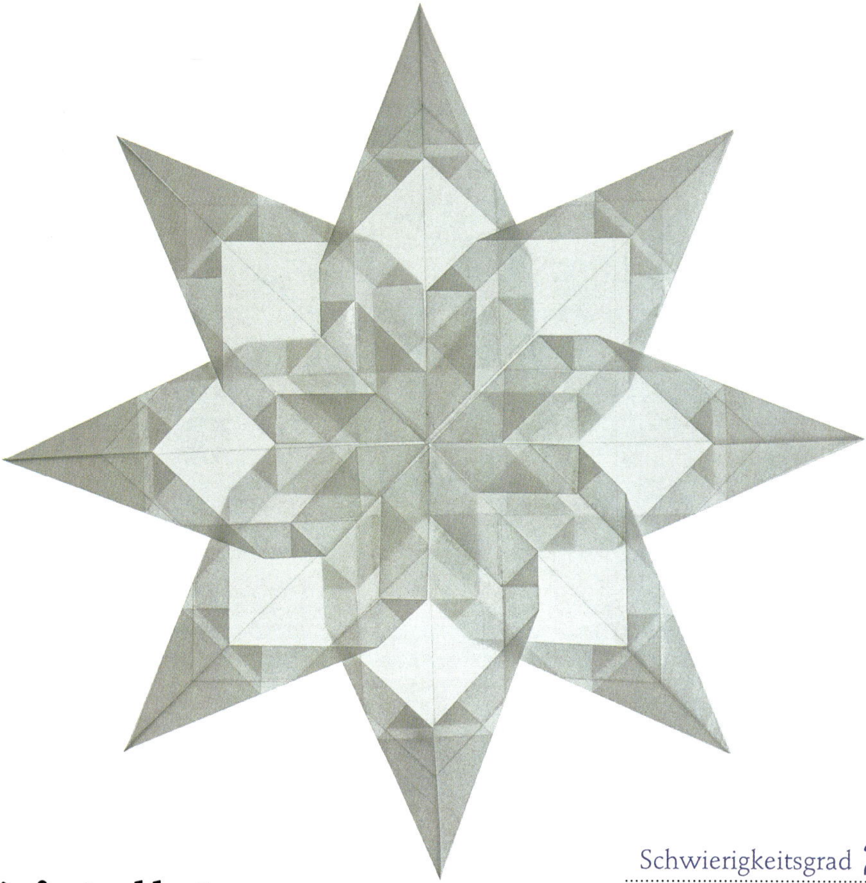

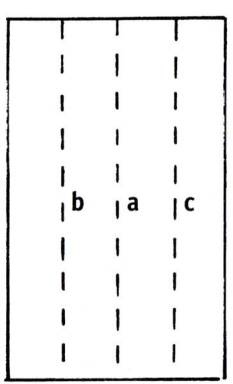

Kristallstern

Schwierigkeitsgrad **2**
Zeitaufwand
60 Minuten

Das brauchen Sie

- **Transparentpapier in Weiß**
- **Küchenmesser**
- **Klebestift**

1 Zerteilen Sie das Transparentpapier in acht gleich große Teile (je 10 x 6,2 cm). Für den ersten Sternenzacken falten Sie ein Papier der Länge nach mittig zusammen. Streichen Sie

dann das Papier wieder auseinander, und schlagen Sie die Längskanten zum Mittelfalz (a) um. Falten Sie das Papier dann erneut auseinander.

2 Falten Sie alle vier Ecken zur Mittellinie (a) ein, und öffnen Sie diese wieder. An den oberen Ecken knicken Sie dann die Querkanten auf die eben entstandenen Falze (d+e) um. Falten Sie die Spitzen der beiden unteren Ecken auf die unteren Falze (f+g).

3 Falten Sie dann alle Ecken nochmals um. Schlagen Sie die beiden geraden Längskanten auf die Falzlinien (b+c), und falten Sie die oberen Ecken zur Mitte (a).

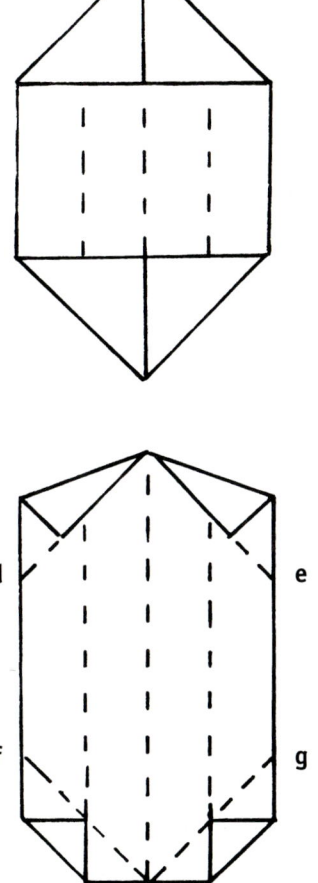

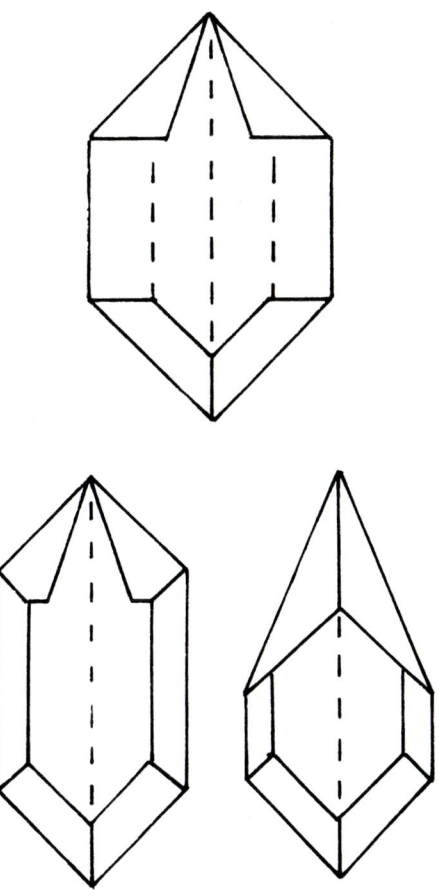

4 Fertigen Sie die restlichen sieben Zacken auf die gleiche Weise, und kleben Sie den Stern zusammen.

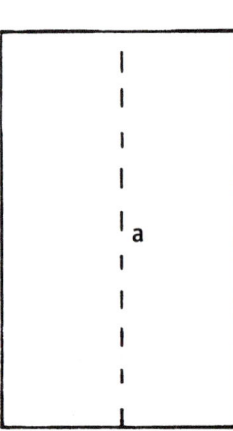

Mosaikstern

Schwierigkeitsgrad **2**
Zeitaufwand
45 Minuten

Das brauchen Sie

* **Transparentpapier in Rot**
* **Küchenmesser**
* **Klebestift**

1 Zerteilen Sie das Transparentpapier in acht gleich große Teile (je 10 x 6,2 cm). Für den ersten Sternenzacken falten Sie ein Papier der Länge nach mittig zusammen. Streichen Sie dann das Papier wieder auseinander und falten Sie alle vier Ecken zur Mittellinie (a) ein.

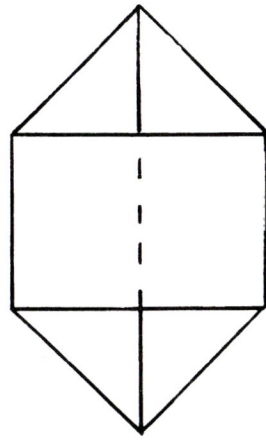

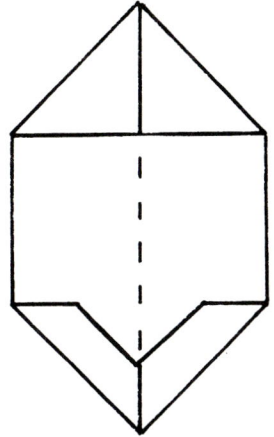

2 Öffnen Sie die beiden unteren Ecken wieder und knicken Sie die Spitzen zu den eben entstandenen Falzen (b+c) um.

4 Schlagen Sie die beiden oberen Ecken zur Mittellinie um und streichen Sie diese gut fest.

3 Falten Sie dann die beiden unteren Ecken nochmals sorgfältig um.

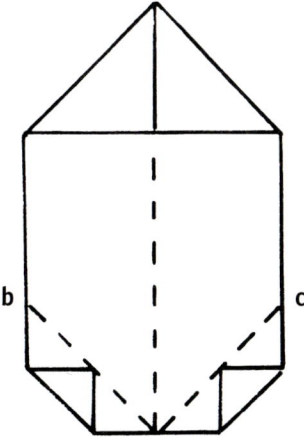

b   c

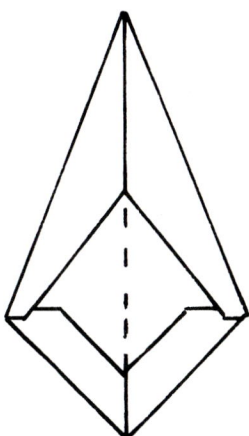

5 Fertigen Sie die restlichen sieben Zacken auf die gleiche Weise und kleben Sie den Stern zusammen.

Wintersonne

Schwierigkeitsgrad **2**
....
Zeitaufwand
60 Minuten

Das brauchen Sie

* **Transparentpapier in Gelb**
* **Küchenmesser**
* **Klebestift**

1 Zerteilen Sie das Transparentpapier in insgesamt acht gleich große Quadrate (je 10 x 10 cm). Falten Sie das erste Papier der Länge nach mittig zusammen. Öffnen Sie dann das Papier

wieder und schlagen Sie alle vier Ecken zur Mittellinie (a) um.

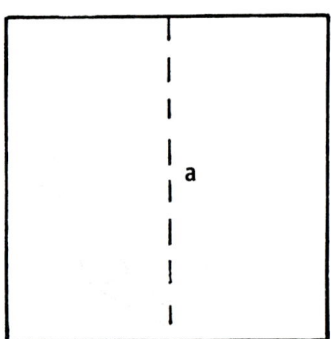

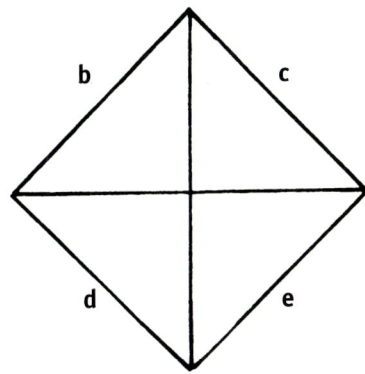

4 Knicken Sie die unteren Ecken nochmals um die Eckfalze (d + e), und streichen Sie diese fest. Zum Schluss schlagen Sie die linke und rechte Spitze zur Mittellinie (a) um.

2 Streichen Sie das Papier wieder auseinander, und knicken Sie die Längskanten von unten her bis zu den eben entstandenen schrägen Falzen (b+c, d+e) um.

3 Anschließend falten Sie die beiden oberen Ecken zur Mittellinie (a). Die unteren Querkanten schlagen Sie dann sorgfältig und exakt auf die Eckfalze (d+e) um.

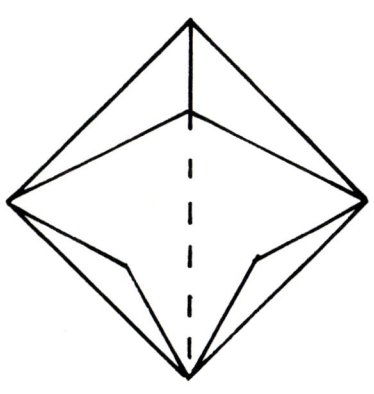

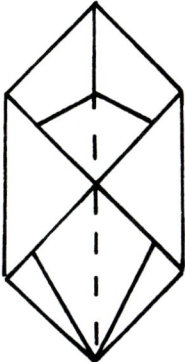

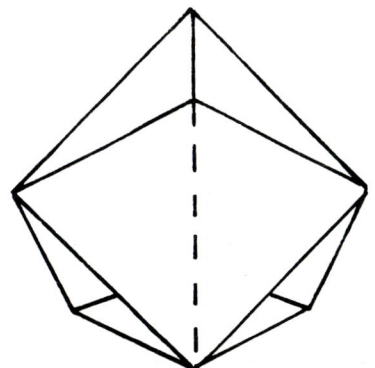

5 Falten Sie die restlichen sieben Zacken auf die gleiche Weise falten, und kleben Sie den Stern vorsichtig und exakt zusammen. Verwenden Sie dabei möglichst wenig Klebstoff.

Karostern

Schwierigkeitsgrad **1**
....
Zeitaufwand
60 Minuten

Das brauchen Sie

* **Transparentpapier in Orange und Pink**
* **Küchenmesser**
* **Klebestift**

1 Schneiden Sie aus dem orangefarbenen Transparentpapier acht gleich große Quadrate (je 10 x 10 cm). Anschließend schneiden Sie aus dem pinkfarbenen Papier ebenfalls acht Quadrate (je 5 x 5 cm). Für die erste orangefarbene Sternenzacke falten Sie ein Papier entlang der Diagonalen. Streichen sie das Pa-

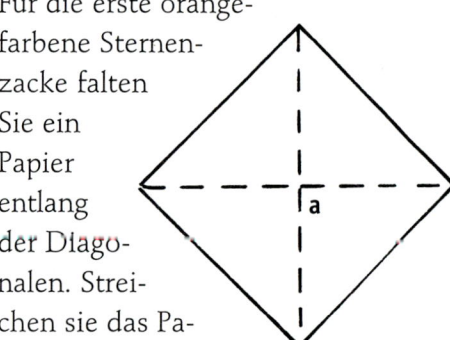

pier wieder auseinander, und schlagen Sie zwei diagonal gegenüberliegende Ecken zur Mitte (a) um.

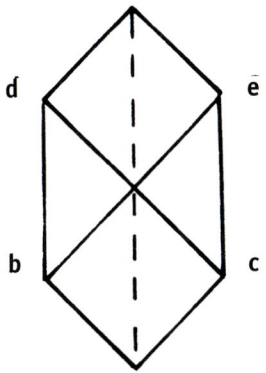

2 Falten sie dann die dadurch entstehenden Ecken erst an der unteren Seite (b+c) und dann an der oberen Seite (d+e) auf die Diagonale. Streichen Sie dabei die Bruchkanten mit dem Fingernagel fest und prüfen Sie, ob die Ecken genau aneinander stoßen.

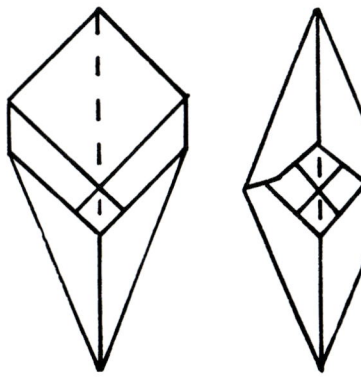

3 Fertigen Sie die anderen sieben orangefarbenen und die acht pinkfarbenen Sternenzacken auf die gleiche Weise.

4 Kleben Sie den Stern so zusammen, dass der kleine pinkfarbene Stern im Zentrum liegt und die orangefarbenen Zacken miteinander verbindet. Die orangefarbenen und die pinkfarbenen Zacken werden also nicht miteinander verklebt.

Tipp

Wenn Sie den Karostern in einer anderen Farbkombination anfertigen wollen, müssen Sie im Vorfeld prüfen, ob ein schöner Farbeffekt entsteht. Halten Sie dazu die gewählten Transparentpapierbögen aufeinander und begutachten Sie die Farbwirkung im Gegenlicht. Dieses Vorgehen ist notwendig, da manche Kombinationen einen unansehnlichen Mischton ergeben. Der Karostern sieht auch dann interessant aus, wenn sie Transparentpapier in nur einer Farbe verwenden.

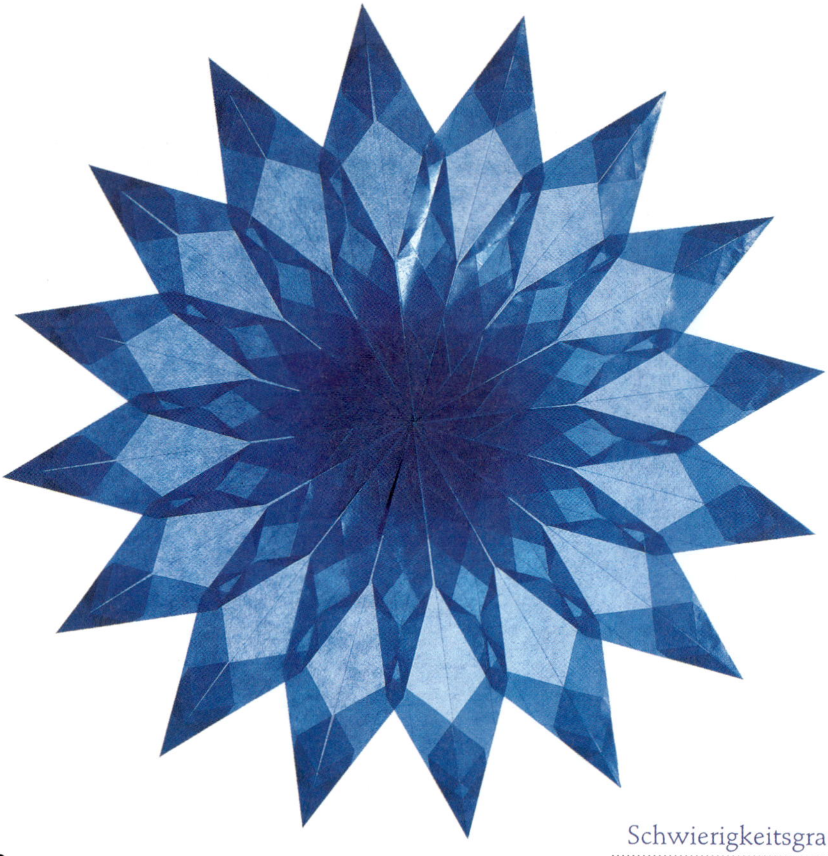

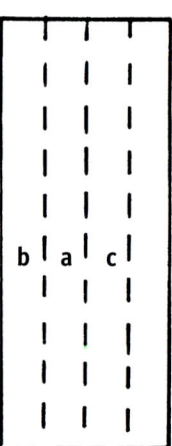

Eisstern

Das brauchen Sie

* **Transparentpapier in Blau**
* **Küchenmesser**
* **Klebestift**

1 Zerteilen Sie das Transparentpapier in insgesamt 16 gleich große Teile (je 12,5 x 5 cm). Für den ersten Sternenzacken falten Sie ein Papier der Länge nach mittig zusammen.

b a c

Streichen Sie dann das Papier wieder auseinander, und schlagen Sie die Längskanten zum Mittelfalz (a) um. Falten Sie das Papier erneut auseinander.

42

2 Falten Sie alle vier Ecken zur Mittellinie (a) ein. Öffnen Sie die beiden oberen Ecken wieder, und knicken Sie die Spitzen zu den eben entstandenen Falzen (d+e) um.

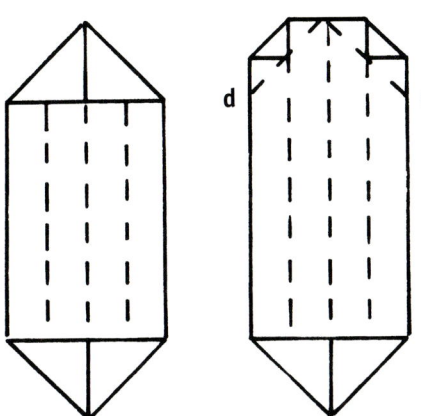

3 Falten Sie dann die beiden oberen Ecken nochmals um und die beiden unteren Ecken zur Mitte (a). Anschließend falten Sie die oberen Ecken zur Mitte um.

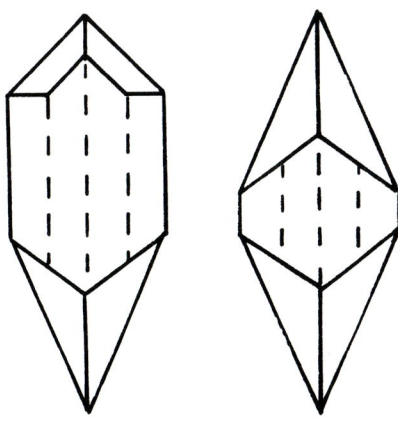

4 Schlagen Sie die Längskanten auf die seitlichen Falzlinien (b) und (c).

5 Fertigen Sie die restlichen fünfzehn Zacken auf die gleiche Weise, und kleben Sie den Stern zusammen.

Tipp

Bei diesem sehr komplexen Stern muss jedes Papierstück besonders präzise gefaltet werden. Die längs laufenden Faltlinien müssen exakt parallel liegen, damit jede Zacke symmetrisch wird. Ziehen Sie die Falzlinien kräftig mit dem Fingernagel nach, da sich die Zacken sonst zu sehr wölben.

Jadestern

Schwierigkeitsgrad **3**
Zeitaufwand
75 Minuten

Das brauchen Sie

* **Transparentpapier in Hell-grün**
* **Küchenmesser**
* **Klebestift**

1 Zerteilen Sie das Transparentpapier in insgesamt 16 gleich große Teile (je 20 x 6,2 cm). Für den ersten Sternenzacken falten Sie ein Papier der Länge nach mittig zusammen. Streichen Sie das Papier wieder auseinander, und falten Sie es der Breite nach. Öffnen Sie es wieder, schlagen Sie die unter Kante auf die Mittellinie (b),

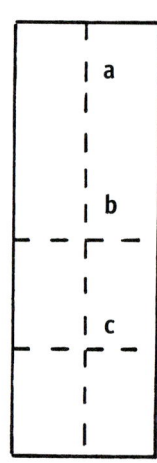

und streichen Sie das Papier glatt. Anschließend falten Sie es wieder auseinander.

2 Falten Sie alle vier Ecken zur Mittellinie (a) ein. Öffnen Sie die Ecken wieder, und knicken Sie die Spitzen zu den eben entstandenen Falzen (d+e) um. Falten Sie die unteren Querkanten auf die unteren Falze (f+g).

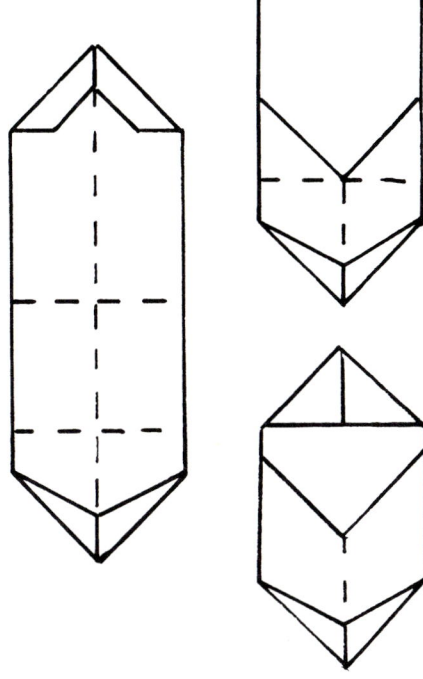

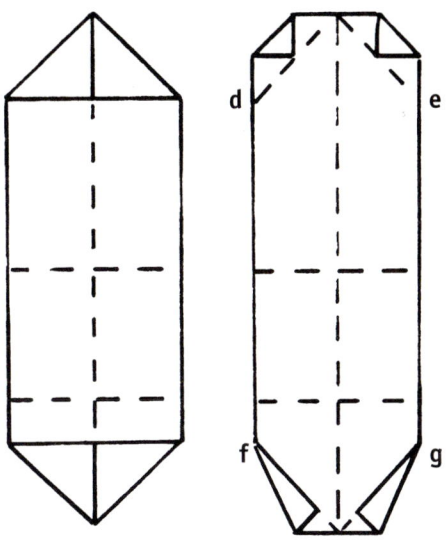

3 Falten Sie dann die oberen und unteren Ecken nochmals um. Schlagen Sie die obere Spitze bis zum unteren Querfalz (c) um, und falten Sie die oberen Ecken zur Mitte (a).

4 Schlagen Sie zuerst die unteren und dann die oberen Ecken zur Mittellinie (a) um.

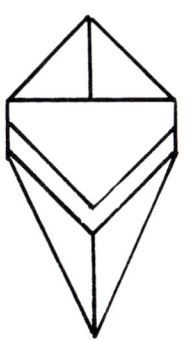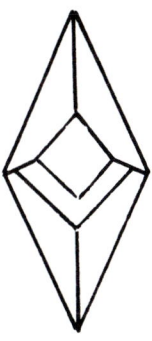

5 Fertigen Sie die restlichen fünfzehn Zacken auf die gleiche Weise, und kleben Sie den Stern zusammen.

Schwierigkeitsgrad **3**

Zeitaufwand
90 Minuten

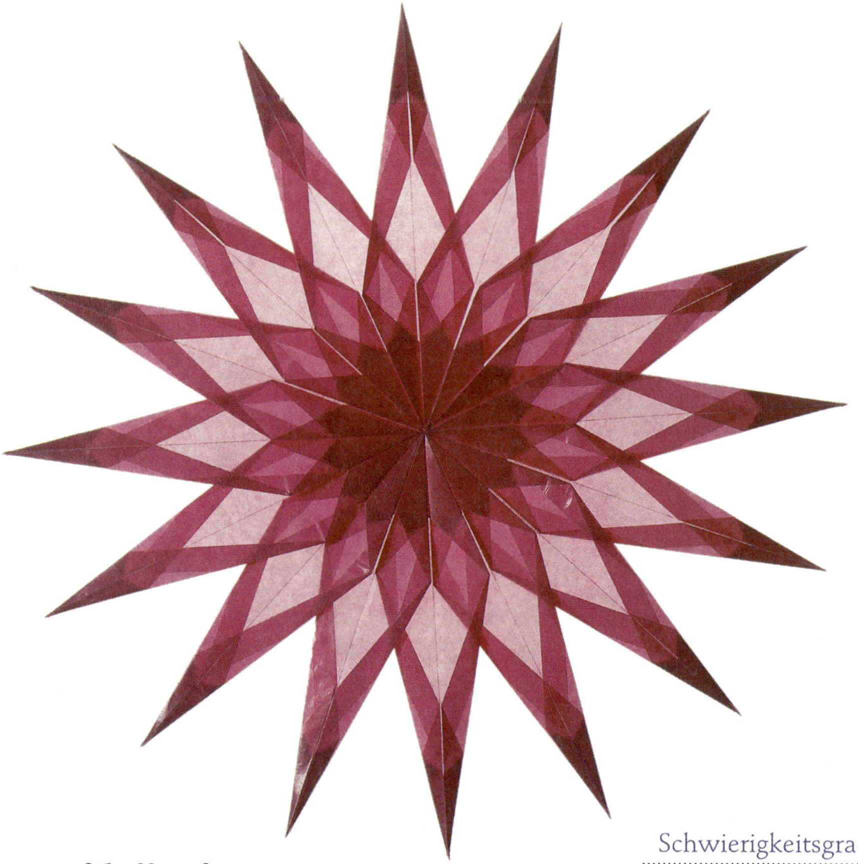

Dreikönigsstern

Das brauchen Sie

- **Transparentpapier in Pink**
- **Küchenmesser**
- **Klebestift**

1 Zerteilen Sie das Transparentpapier in insgesamt 16 gleich große Teile (je 12,5 x 5 cm). Für den ersten Sternenzacken falten Sie ein Papier der Länge nach mittig zusammen. Streichen Sie dann das Papier wieder auseinander, und falten Sie alle vier Ecken zur Mittellinie (a) ein. Arbeiten Sie dabei sehr exakt und sorgfältig.

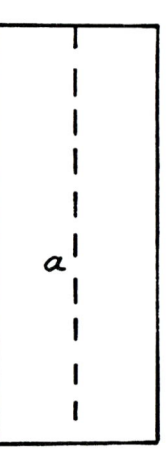

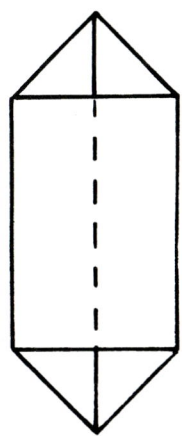

3 Falten Sie dann die oberen und die unteren Ecken zur Mitte (a) hin um. Die oberen Ecken falten Sie nochmals zur Mitte (a).

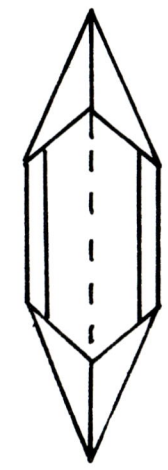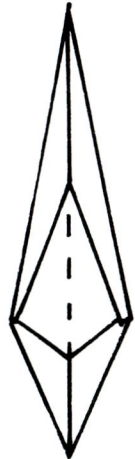

2 Falten Sie die beiden Innenkanten der Ecken von innen auf die Außenkanten der Ecken. Schlagen Sie dann die Längskanten so nach innen, dass sie bündig mit den Innenecken abschließen. Streichen Sie zwischendurch alle Falzkanten mit dem Fingernagel kräftig nach, damit die Faltung gut hält.

4 Fertigen Sie die restlichen 15 Zacken auf die gleiche Weise, und kleben Sie den Stern zusammen.

Tipp

Sie können den Dreikönigsstern auch in anderen Farben falten. Achten Sie aber darauf, dass Sie besonders helles Transparentpapier wählen. Bei dunklen Farben kommt die Faltung weniger prägnant zum Vorschein.

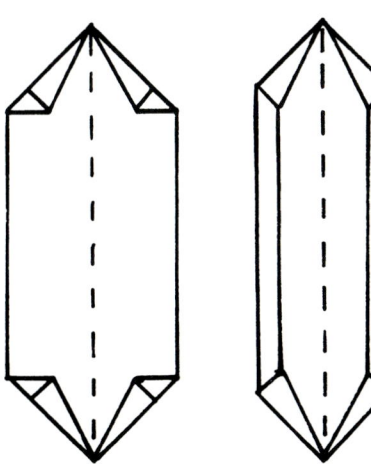

Über dieses Buch

Die Autoren

Thea Landbeck und Christian Orgel arbeiten seit langem als freie Autoren und Redakteure. Sie konzipieren, schreiben und lektorieren vor allem Hobby- und Bastelbücher. Durch jahrelange Do-It-Yourself-Erfahrung eigneten sie sich zahlreiche Fertigkeiten an, mit denen sich Haus, Balkon und Garten verschönern lassen und die die Freizeit angenehmer und interessanter gestalten. Ihre umfassenden Kenntnisse konnten sie bereits in verschiedenen Publikationen rund um das kreative Gestalten einbringen.

Impressum

Der Text des Buches folgt den neuen Regeln der deutschen Rechtschreibung.

Weltbild Buchverlag
© 1999 by Weltbild Verlag GmbH, Augsburg
Alle Rechte vorbehalten

Redaktion: Angela Troni, München
Titelfoto: Jens Kron, Augsburg

Einbandgestaltung: Lydia Koch, Augsburg
Layout und Satz: Dirk Risch, München · Berlin
Fotografien: Jens Kron, Augsburg
Illustrationen: Thea Landbeck und Christian Orgel, München

Lithoarbeiten: Kaltner Media GmbH, Bobingen
Druck und Bindung: Offizin Andersen Nexö – ein Betrieb der INTERDRUCK Graphischer Großbetrieb GmbH, Leipzig

Gedruckt auf chlorfrei gebleichtem Papier

Printed in Germany

ISBN 3-89604-676-4